Anonymus

Balladen vom Mahler Müller

Anonymus

Balladen vom Mahler Müller

ISBN/EAN: 9783743303973

Hergestellt in Europa, USA, Kanada, Australien, Japan

Cover: Foto ©Thomas Meinert / pixelio.de

Manufactured and distributed by brebook publishing software (www.brebook.com)

Anonymus

Balladen vom Mahler Müller

Mannheim,
bei C. F. Schwan, kuhrfürstl. Hofbuchhändler

Das braune Fräulein.

Laßt an dem Stock die Lylje
  Laßt Roß' und Holderblüth,
Am Stengel holde Mädchen,
  Und horchet meinem Lied.

Ich sing zerrißner Treue
  Verlaßner Liebe Schmerz —
Euch schmelzen zarte Klagen
  Das wehmuthsvolle Herz.

Und du aus tausend Mädchen
  Die frömste höre du,
Des braunen Fräuleins Klagen
  Und ihrem Jammer zu.

Es beb dein junges Herzchen
  Verborgen jeder List;
Dein junges fühlend Herzchen
  Das ganz nur Unschuld ist.

Wenn durch die bange Saite
  Des Fräuleins Seufzer steigt
Des Fräuleins das an Treue
  Dir holdem Schäzchen gleicht.

O wenn von deinem Auge
  Auch nur ein Tränlein fiel —
Gekrönt wär denn, geheiligt
  Wär denn mein Saiten = Spiel.

Dort sizt an einer Eiche
  Das Fräulein in dem Mooß:
Viel helle Tränen rinnen
  Herab in ihren Schoos;

Dreimal schickt Sie den Knaben
  Zur hohen Burg hinan,
Zum Führer blauer Greiffen
  Dem schönsten Rittersmann.

Die Sonne eilt, Sie harret
  Lang unter Glut im Thal
Wo bleibstu holder Ritter
  Du Trost in meiner Qual —

Doch seht die Zweige beben
Es rauschet um den Bach
Mein Ritter kommt, du bist es
Geliebter Heinrich ach!

Geflügelt springt Sie, hänget
An seinen Nacken sich
Küßt froh die braunen Wangen
Und weinet bitterlich.

Wo bliebstu meine Ruhe
Mein bester Trost so lang
Lang harrt ich dein im Thale
Ach auf der Aue lang.

Denk unsre stille Liebe
Ist jedermann bekannt
Mich stossen meine Freunde
Hinweg mit harter Hand.

Schütz du mich holder Ritter
Mich die ich elend bin,
Dir gab ich meine Liebe
Ach alles gab ich hin.

„Sey ruhig spricht der Ritter
„Nur ruhig bis zur Nacht
„Neun Schlösser hat mein Vater
„Betührmt und wohl bewacht.

„Reitst mit mir in das Schönste
„Von allen, ausgeschmückt
„So bald vom Sternen Himmel
„Die Nacht herunter blickt.

Sollt ich im Dunklen fliehen,
O Rittersmann mit dir;
Im Angesicht der Sonne
Schwurstu einst Treue mir.

O führ vor allen Augen
Im Hochzeits Kranz beblümt,
Mich aus der Jungfraun Kammer
Wies Liebster sich geziemt.

„Ha! stolzes Fräulein glaubstu
„Mit Music sollt ich dich
„Aus deiner Kammer führen
„Als eine Braut für mich?

Den

„Den Blumen=Kranz dir flechten
„Um das gelockte Haupt;
„Dem Mond zur Seit' zu stehen
„Ist Sternen nur erlaubt.

„Zwar du bist süß und lieblich
„Wie Frühlings Sonnenschein
„Doch von dem feinsten Golde
„Sieh hier ein Ringelein.

„Es funkelt in der Mitte
„Ein doppelter Rubin
„Ein Bild der warmen Lippen
„Der jungen Raugräfin.

„Die mir mit ewger Treue
„Ihn zum Geschenk heut gab;
„Vom Thurme holdes Fräulein
„Blickt Sie nach mir herab.

Was lieber holder Ritter
Schrie hier das Fräuelein?
O bey dem hohen Himmel!
Diß kann nicht möglich seyn.

Mich! mich wiltu verlaſſen
Verlaſſen nun, ach Gott!
Dein armes braunes Fräulein
Zu aller Menſchen Spott.

Nein nein es iſt nicht möglich
Daß du mich ſo betrübſt
Haſt doch ſo oft geſchworen
Daß du mich ewig liebſt.

Wirf in die tiefſte Fluthen
Den falſchen Ring von dir —
Laß, laß mich ihn zerreiſſen
Den Ring, den Ring gieb mir!

„Den Ring? daran denk niemals
„O zartes Fräuelein
„Gleich Zwillings = Brüder ſtehen
„Zwey Schlöſſer an dem Rhein.

„So lang an meinem Finger
„Der Ring blinkt ſind ſie mein;
„Drum bitt ich dich o Fräulein
„Stell alles Klagen ein.

„Was

„Was hilfts, daß ich geschwohren
„Dein Weinen kommt zu spät
„Der Wind hat drein gesauset
„Hats alles weggeweht.

„Sieh bistu mir zu willen
„Du zärtliche Jungfrau
„Solst blühen und gedeihen
  Wie Blumen voller Thau.

„Du wohnst in einem Schlößchen
  „Schön wie ein Schloß der Lust,
„Dein Gast bin ich fein öfters
  „ Verweil an deiner Brust

Und voller Gram und Jammer
  Dreht sich das Fräulein um;
Du raubst mir meine Ehre
  Mein einzig Eigenthum.

Und wilst mich nun verstoßen,
  Mich die so schmerzen wund
Dich ewig zärtlich liebet,
  Dem Himmel ist es kund.

Hab ich gleich keinen Vater,
 Kein Bruder, der die Schmach,
Die du mir giebst könnt rächen,
 So wirds der Himmel, ach —

Doch für dich will ich beten,
 O Jüngling höre mich!
Laß von der reichen Gräfin,
 Sie liebt dich nicht wie ich —

Ach! wälz nicht neue Schmerzen
 Auf mich, die jammervoll
Die Schmerzen einer Mutter
 Ohn diß bald fühlen soll.

So schluchset Sie und senket
 Sich vor Ihm hin aufs Knie,
Es nickt die dunkle Eiche
 Und säußelt sanft auf Sie.

Durch ihre Locke seufzet
 Das Windchen hin, und späht
Der Blume nach, die thauicht
 Von ihren Tränen steht.

Ach deine zarte Klagen
  Rührt alles, Fräulein —
Schwellt auf die heischre Quelle
  Erweicht den Kieselstein.

Nur Er, der harte Ritter
  Schenkt dir nicht einen Blick,
O ruft Sie, eh du scheidest,
  Sieh noch einmal zurück.

Ach von mir Tiefgekränkten
  Geh nicht mit Zorn erfüllt
O Ritter wenn du grausam
  Mich nicht mehr lieben willt.

Noch einmal diese Stimme,
  Die sonst das Herz mir band,
O reich mir noch zum lezten
  Zum leztenmal die Hand.

Denn geh zu deiner reichen
  Geliebten Gräfin hin,
Vielleicht wird dich es reuen,
  Wenn ich gestorben bin —

Du weinest schon mein Mädchen
  Wisch nicht das Tränlein ab.
Mehr als die reichste Perle,
  Die Indien je gab.,

Schmückt Sie die warme Wange
  Schmückt Sie dein schönes Aug.
Wie lieb' ich diese Träne
  Am Seelen vollen Aug'.

Ja Mitleid, süsses Mitleid
  Vom Himmel stamstu nur,
Vom Angesicht des Schöpfers
  Stahl dich einst die Natur.

Des wilden Herz ist grausam,
  Der beßre Mensch allein
Kann tragen fremden Jammer,
  Kann fühlen fremde Pein.

Laß, laß die Thräne rinnen
  Bald stürzet Sie hinab
Lockt tausend goldne Schwestern
  In deinen Schoos herab —

Der wilde Ritter gehet,
  Er geht betrachtet nicht,
Wie nun am Felsen ringend
  Des Fräuleins Herz zerbricht.

Stumm sitzt Sie an der Erde,
  Schaut bang den Himmel an;
Ach Er geht fort, ich Arme
  Was soll ich fangen an —

Die Du an meinem Herzen
  So süß und sanfte ruhst,
Du Zeuge meiner Treue,
  Daß du mit welken must.

Doch besser noch es decket
  Ach dein und meine Schand
Ein einzigs Grab auf ewig
  Im kühlen weichen Sand.

Einst kämestu erwachsen:
  Wo, Mutter, ist der Mann
Den ich soll Vater nennen
  Hab ich kein Vater dann?

Verstoßen sagt ich weinend
Bistu o Söhnelein —
Er liegt in andern Armen
Nennt andre Kinder sein!

Dann würdestu durchdrungen
Von Schaam und Haß auf mich
Und meinen Wehen fluchen,
Die einst gebohren dich.

So schluchfet Sie und stürzet
Voll zärtlichem Gemisch
Von Raserey und Liebe,
Ins dunkelste Gebüsch.

Wie eine trübe Quelle
Durchs Klippen-Mooß nun bang
Zum schwarzen Thale flüchtet
In schwermuthsvollem Drang.

Wo sie nur irret, fühlets
Des Schäfers horchend Ohr
Am seufzenden Gemurmel
Vom Weydenbusch hervor.

So fliehet Sie drey Tage
Am vierten steht Sie still:
Hier ist es wo ich ruhen
Und wo ich sterben will.

Hier unter dieser Buche
Wo oft bey der Natur
Beym Himmel selbst der Falsche
Mir Lieb und Treu beschwur.

Einst kommt er mit der Liebsten
Die er nun zärtlich küßt
Vielleicht zu meinem Grabe
Und fraget wem es ist.

Weht Lüftchen wehts gelinde
Das es das meine sey
Das Grab des braunen Fräuleins
Die vor ihn starb aus Treu.

Sie schweigt. Da fällt vom Hügel
Ein heller Glockenschall
Ein frohes Lermen hallet
Zurück durchs ganze Thal.

Vom

Von hohen Thürmen flosse
Der Harfen Silberklang
Zum Hochzeit-Fest der Gräfin
Und ihrem Brautgesang.

Auch rühmten die Trometen
Des Heinrichs stolze Zier
Der siegreich sich bezeiget
Im ablichen Turnir.

Der Lilje gleich die stürmisch
Ein Regen niederschlägt
Sizt hinter dunklen Aesten
Das Fräulein unbewegt.

Gott dieses war sein Namen
Dis seiner Stimme Ton —
Du freust dich holder Ritter
Und ach ich sterbe schon.

Ach Ach Dein Mädchen sinket!
Vielleicht denkst ihrer nie
Vielleicht daß du Sie suchest
Und nimmer findstu Sie —

So seufzet Sie, und blicket
Zur hohen Burg, und schweigt.
Ihr braunes Auge dämert,
Ihr Rosen-Mund erbleicht.

Viel goldne Thränen blinken
Herab in ihren Schooß,
Noch einmal seufzt Sie, Heinrich!
Und sinkt ins weiche Mooß.

Du fällst o braunes Fräulein
Ein Opfer deiner Treu.
Schleicht Zärtlichste der Winde
Vom Blumenthal herbey.

Faßt auf das letzte Tränlein,
Das ihr im Auge blinkt,
Und tragts zum Stern der Liebe,
Das tief in Trauer sinkt.

Ihr aber Mädchen höret
Das schreckliche Gericht!
Lang weilt des Himmels Rache,
Doch ewig weilt Sie nicht.

Der wilde Ritter sitzet
Am hochzeitlichen Mahl,
Zwar Freuden in den Augen,
Im Herzen Angst und Quaal.

Ach denkt er: die Verstoßne
„Wo mag sie jetzo seyn,
Ihr Aeuglein Thränen giessen,
„Wo jammert Sie allein — .

Ach! hab Sie doch betrogen.
„Ihn peinigt Angst und Quaal
„Zerreißt die Hochzeits Kränze
Und flieht hinab ins Thal.

Umsonst der Freunden Flehen,
Der Gräfin banger Blick,
Sein Fräulein sieht er liegen
Und schreyt und schlägt zurück.

„Ists todt das sanfte Händlein
„Das freundlich mich umschlang?
„Ha! todt das zarte Herzlein
„Das denn für Freude sprang.

Ja

„Ha! Freunde, seht ihrs Freunde?
„Mein erstes Weib liegt dort
„Erblasset, wenn ihrs höret,
„Ich, Ich hab Sie ermordt —

„Was soll ich länger schweigen,
„Zerreißt mich innrer Schmerz,
„Ihr brach ich Lieb und Treue,
„Und dieses brach ihr Herz.

„Vollends nun Höll und Teufel!
Er kniet auf die Erd,
Zieht wild und voller Feuer
Sein scharfgeschliffnes Schwerdt:

„Zerschmetter falsche Herzen
„Und Untreu Donnerkeil!
„Hinweg aus meinen Augen,
„Die Hölle bleibt mein Theil —

„Ja süsses sanftes Mädchen
„Aus Treue starbstu ach!
„Muß grausam dir nun folgen,
„Dein Geist der winket nach —

* * *

Amor

Amor und seine Taube.

Mit Amorn fliegt
  Ein Täubchen dort,
Vom weichen Schooß Citherens,
Allein ist sie
Des Knaben Lust
Und traulichste Gespielin.
Noch sitzen Sie
Am Rosenstrauch,
Und schwätzen miteinander.

Taube.

Sag, liebestu
Dein Täubchen noch,
Mein goldig krauser Amor?
Und wenn es einst
Erblassen muß,
Wirstus auch nicht vergessen
Dein Täubchen? mich,
Die ich so treu
So zärtlich treu dich liebe.
Diß schneidet mir
Denk ich daran
Ins Herzchen tiefe Wunden.

Amor.

Amor.

Schweig Schwätzerin,
Wie könnt ich doch
Du Liebe Dein vergessen!
Dich zärtlichste
Dich freundlichste
Von allen meinen Tauben.
Komm hüpfe schön
Auf meine Brust,
Komm wölb' die seidne Flügel,
Und schnäbel mich,
Zehn Küßchen — ich
Geb treu sie dir zurücke.

Taube.

Geh küße nicht —
Du liebst mich nicht,
Du Kleiner hast gelogen,
Ich liebe dich,
Ich — Amor, ich
Bin dir nur treu gewogen,
Ach gerne trag
Ich deinen Pfeil

Und deinen Silberbogen!
Doch einst wirstu
Vergessen mich,
Vergessen mich im Grabe.
O Kleiner geh,
Kein Küßchen mehr,
Laß, laß mich lieber weinen.

Amor.

Ha! Lose du,
Versteckestu
Den Schnabel in den Flügel?
Gleich küsse mich,
Ich schlage dich,
Ich binde dir die Flügel.
Wilt Amorn nur
Betrüben du,
Als liebt er dich nicht immer
Kennst gar zu wohl
Mein treues Herz,
Du lose kleine Taube!

Taube.

O schlage nicht
Mich Jammernde,

Mein goldig krauser Amor
Ey liebes Kind!
Mich peinigts so
Im Wachen und im Schlummer.
Kein Blümchen sinkt,
Ich denk daran
Kein Tröpflein von der Lylie.
So sink ich einst
So fall ich einst
So lieg ich einst vergessen.
Du schwingst dich hin
In alle Welt
Bis zu dem Götter Sale,
Fliegst fern und fern
Von Stern zu Stern,
Und ich lieg tief im Thale
Denkst nimmermehr
An mich — indeß
Mein armes Herzchen modert,
Diß Herzchen treu,
Das Dich nur faßt,
Diß Herzchen, lieber Amor,
Vergessen ach!
Von dir ach! ach!
Du allerschönster Knabe.

Amor.

Halt Liebchen ein,
Halt Schätzgen ein
Mit diesen Trauer-Klagen,
Halt Täubchen ein,
Mein Herz zerschmilzt
Ich kanns ja nicht ertragen,
Glaubs nimmermehr
Und nimmermehr,
Kann deiner Ich vergessen,
Nicht Sonn und Mond,
Nicht Jahr und Tag
Soll mir dein Bild verlöschen,
Und soltestu
Ach! soltestu
Erblaßen einst, Du Liebe!
Dann weint ich laut,
Dann schluchst ich bang,
Dann wolt ich nicht mehr leben
Im Myrten Hayn,
Wo Venus schläft
Bey roth und weissen Rosen
Begraben dich
Gar sanfteglich,
Ein Grabmal Dir erbauen

Und Morgends dann
Und Abends dann
Bey deiner Urne weinen,
Und Veilchen süß
Und Liljen zart
Auf deinen Leichnam streuen
Zur Ehre dir
Der Zärtlichsten
Und treusten aller Tauben.

Taube.

Du liebes Kind —
O liebster Schatz
Den ich einst muß verlassen,
Ach! könnt ich doch
Im Grabe noch
Dein holdes Antlitz schauen!
Ein andre trägt
Die Pfeilen einst,
Mit andern wirstu spielen.
Diß Mündlein süß
Die Wange zahrt
Wird eine andre küßen.
Wird sitzen hier

Auf deiner Brust,
Wo ich so gerne schlummer,
Schlägt freundlich Dir
Die Flügel auf,
Scherzt auch mit deiner Locke.
Fliegt neben dir,
Wie ich gethan,
Küßt streichlend dich — ach wehe!
Verzweiflen muß,
Ach denk ich dran,
Ja ja ich muß verzweiflen.

Amor.

Auf dieser Welt
Kein Täubchen mehr
Bistu für mich verlohren,
Auf dieser Welt
Kein Schäzgen mehr,
Das schwör ich bey den Sternen
Solch Treue gibts
Auf Erden nicht,
Im Himmel nicht, als deine.
Solch Herzchen giebts
Auf Erden nicht,

Im Himmel nicht, als deines.
Schön saß ichs auf
In rothes Gold
In köstlich Gold und Perlen,
Und trag es stets
Auf dieser Brust,
Wo du so gerne schlumerst,
Damit ich, wo
Ich schwöb und bin,
Mög alle Zeit gedenken
An dich, o Du
Die Zärtlichste
Und treuste aller Tauben!

So schwuren Sie,
Und Amor drückt
Sein Täubchen sanft und streichelts,
Da girrets froh,
Da sinket ihm
Das Tränlein aus dem Auge.
Entzücket hüpfts
Auf Amors Brust,
Und flügelt um den Knaben.

Noch steigen Sie
In blauer Luft,
Es sieht sie Venus fliegen,
Erweicht wird Sie,
Süß nicket Sie
Unsterblichkeit dem Täubchen.

Genovefa im Thurme.

(Das Innere eines dunklen Thurmes — Genovefa sizt in Ketten mit ihrem Kinde auf'm Stroh. — Golo schließt die Thür auf.)

Golo.

Zu dir komm ich gegangen
Am schönsten Frühlings Tag',
Wiltu nicht mein Verlangen
Heut stillen, Liebchen sag?

Fröhliche Vögel pfeifen
Auf Blüthen reichem Zweig',
Rehchen springen und streifen
Voll Muths am bluhmichtem Teich'.

O wie sprudelt die helle
Klare duftende Quelle
Durch Mooß und bogicht Ried,
Wie schlagen wie klagen
Auf Roßen getragen
Finken ihr brünstig Lied.

Auf Genovefa meine Wonne!
Alles springt, singt, lacht,
Alles wiebelt, liebelt und schmacht,
Nur du liebst Kerkers Nacht,
Verbannest Scherz und Sonne.
Wiltu denn stets versagen
Lindrung meiner Quaal,
Soll ich alleine klagen,
Unter Blumen im Frühlingsthal?

Im Fels durchhoft Wintersnacht
S' Turteltäubchen, denkt sich frohen Mayn,
Süße Träume voll Frühlingspracht,
Führt Amor unter Rosen erwacht,
Bald in ihr Nestchen ein.
Geregt vom lenzischen Triebe
Girrt sie nun schnäblend im Mooß,
Vergißt all Kummer in ihres Taubers Schooß,
Ist dem nicht so meine Liebe?

(Er läßt auf Genovefens Schooß einen Blumenstrauß fallen.)

Komm wollen im Garten
Lust wandlen gehn,

Tulpen mancher Arten
Flora mahlen sehn,
Gerne wollt ich sterben,
Könt ich mir
Deine Lieb erwerben
Aller Frauen Zier.

Genovefa.

Meine Liebe erwerben!
Falscher Rittersmann
Sieh mich nicht an
Sonst muß Scham meine Wangen fär-
   ben.
Wangen o wie bleich und matt!
Drücket schwerer Kummer
Herz und Auge lebenssatt
Wünschen Todesschlummer!
Umsonst schwingt Frühling sein farbicht
   Panir,
Koset süßer Liljenzier,
Was hilfts, Sigfrid ist fern von hier,
In blutigen Schlachten zu siegen.
O Himmel alle Mayenzeit
Floh mit fort — alle Freud

All' seelig Vergnügen.
Fühlens doch diese Fluhren wohl,
Gestehs, hier sproßt nicht eine Viol
Zu seinen Füßen, nur blühn Jacynten
Keine Lust, statt Freuden, Leyd
Keine süße Mayenzeit,
Spielet unter Linden.

(Sie schüttelt die Blumen vom Schooß.)
Verlaßen schmacht ich
Mit meinem Kind ach! in Ketten,
Niemand höret mich,
Niemand will mich retten.
Lust und Freude Mayenzeit
Die mich sonst so sehr erfreut,
O wie fliehet ihr so weit.
Trauerleben! o wie matt
Drücket schwerer Kummer
Herz und Auge lebenssatt
Wünschen Todesschlummer.

(Golo faßt ihre Hand, die sie schnell wieder zurück zieht.)

Golo.
Weine nicht du schöne Frau,
Mein Herz weint mit dir,

Glaub

Glaub mirs, Bluhmen blühn auf der Au,
Ist gleich dein Siegfried nicht hier,
Fühlstu doch selbst wie Liebe brennt,
Ach daß ich dirs nur sagen könnt,
Wolltestu mit mir
Freundlich in schmucker Lockenzier,
Ueber blühnde Beeten gehn,
Es glänzte der Frühling noch einmal so schön,
Dort in der Laube die Rosen durchwehn,
Wollten wir lieblich singen hörn,
Dir schlägt der Fink und die Nachtigall,
Dir klingt der Harfen Silberschall,
Dir tönen der Mädchen Chören.

Beherrscht doch Liebe die ganze Natur,
Seht die Vögel auf der Fluhr,
Küßen sich ohne Betrüben,
O was thät ich zu dieser Stund
Heilte dein rubinrother Mund,
Mit einem Küßgen mein Herz, so wund!
Wolltestu mich lieben,
Dann wär nicht zu hoch des Himmelsball',
Zum streiten mit Adlern am Sonnenball'.
Des Kampfs mit Riesen und Drachen,
Auf Erden wollt ich nur lachen,

Für dich stieg ich in Grotten,
Die kein Tagsstrahl durchschlich,
Wollt um dich
Aller Gefahren spotten.

Hat doch mein Herz dreymal geweint,
Als ich in Feßel dich schloß,
Aber ach mein Leyd ist so groß,
Vatter und Mutter würd ich feind,
Müßt ich dich Liebchen verliehren,
Lenk nur einen Liebesstrahl,
Schöne Frau, auf meine Qaal.
Laß dich mein Flehen rühren,
Schnell wird dein Kerker ein Rosenthal,
Deine Ketten, Rubin und Saphiren.

(Er schließt ein Schmuckkästchen auf, kniet
vor ihr nieder.)
Sieh hier hab ich ein Perlenband,
Dürft ichs doch mit eigner Hand,
Schlingen um dein Händlein,
Weiß und glatt wie Elfenbein,
Hey! wie wollt ich fröhlich seyn.
Sieh diesen Ring, von Gold so fein,
Häng ich an dein Oehrlein,
Dein Oehrlein muschelrund und klein.

Bereitet steht dir noch ein Saal,
Voll Kostbarkeiten allzumal,
Voll Purpur, Gold und Seiden,
Dich königlich zu kleiden.

Denn kannstu, wie die Liebe, schön,
In stolzem klaren Schimmer gehn,
Dich wird die Welt verehren,
Wo du gehst, werden Düfte wehn,
Vor dir sich Bluhmen in Goldthau blähn,
Wo du ruhst, wirst Nachtigalln hören,
Schon laden sie ihr sanfter Schall,
Durch läuft der Seitenwirbelfall,
Schon tönen der Mädchen Chören,
Komm Liebe, wollen hören.

(Er legt seine Wangen auf ihr Knie, sie stoße
ihn mit weggedrehtem Angesicht zurück.)

Genovefa.

Seyens Gesänge brünstiger Nachtigallen,
Seyens Lieder, Harfen entflohn,
Mögen sie an stummen Felsen verhallen,
Nichts kann mir süßer schallen,
Als Lallen,
Von meinem unmündigen Sohn,

Verflucht deine Zaubergesänge,
Fluch deine Schmeicheley,
Mein Herz zu bestricken,
Zu fälschen meine Treu,
Sind sie gericht
Nie soll es dir glücken,
Sing, sing, ich höre nicht.

Deine Untreu wird dich selbst schlagen,
Wird gegen dich's Beil tragen,
Golo, Golo, meine Plagen
Fallen auf deinen Scheitel schwer,
Gieng der königliche Bär,
Nach Raub aus seinen Hölen,
Und du Luchs schleichest her,
Seine Lust zu stehlen,
Hörstu ihn, er eilt zurück,
Thal und Wald durchtönet Heldenstimme,
Eh ihn entdeckt dein scharfer Blick,
Stürzt er ab auf dein Genick,
Und röthet den Bach in stolzem Grimme.

(Sie hebt ihr Kind vom Stroh auf, drückt's
ans Herz und küßt es.)

Auf uns blicken Engel nieder,
Drum schläft sicher Unschuld im Hayn,

Deck

Deckt uns nicht heilig Gefieder,
Söhnchen, wo wär dein und mein Gebein,
Schluchse nicht trauter, müßen deine Wiegenlieder,
Seufzerlein,
Ketten gleich dein Wiegenbettchen seyn.
Der Mond geht auf, sinket nieder,
Der Morgen kommt, und fliehet wieder,
Es fällt die Fluth, es wächst das Meer,
Es läuft der Sternen lichtes Heer,
Es stirbt des Frühlings Melodie,
Nur meine Treue weichet nie,
Zurück! Golo, zurücke,
Von hier! von hier!
Verhaßt sind mir deine Blicke,
Nimmer rede von Liebe mir.

Golo.

Harte Frau, härter als Stein,
Dich kann kein Flehn erweichen,
Grausam muß man seyn,
Wilden Thieren gleichen;
Mein bistu, dir hilft nicht Gott,
Ich muß dich genießen,
Sollt ich auch im bittren Tod
Noch diß Vergnügen büßen.

Siehstu meine Thränen rinnen,
Sie bringen dir und mir den Tod,
Was that ich nicht, dich zu gewinnen,
O ihr Nächte habts oft betracht!
Die ich unter Seufzer hingeschmacht;
Vor Lieb und Schmerz von Sinnen.

(Nimmt ihre Hand, drückt sie an seine naße
Wangen.)

Noch bist in meiner Hand,
Siehst', fühlst meine Zähre,
Fürchtestu der Untreu Schand,
Wohlan! so höre:
Dein Gemahl ist hin, der junge Held,
Erbleicht liegt er im Siegesfeld,
Sein Grabmal baut die Ehre;
Es sank sein prächtiges Panier,
Der tapfere Ritter Bellamir,
Durchrannt ihn mit dem Speer,
Glaubs ist keine Falsche Mähr,
Bringt Knechte, bringt die Waffen her.

(Stampft

(Stampft mit dem Fuß, Knechte treten her-
ein bringen blutige Waffen, legen fie anf
den Boden vor Genovefa nieder,
gehen ab.)

Sieh hier den Schild, sieh hier den Speer,
Diß Schwerd so er geführet,
Und diesen Helm, den ich vorher
Mit Palmen schon gezieret;
Von seinem Heldenblute roth,
Er starb — laß dirs erzählen,
Sein letztes Wort war noch im Tod,
Wir sollten uns vermählen.

Genovefa.

Mein Gemahl — Siegfried todt.

(Sie sinkt nieder.)

O Himmel drückt mich nieder!
Dies Schwerdt von seinem Blut roth,
Todt! todt!
Mein Siegfried, mein Gebieter!
Auf Erden wohnt kein Erbarmen,
Verstoßen allein,

Niemand will sich mehr erbarmen,
Erbarmen meiner Pein!
O du Wesen, das Herzen zerschlägt,
Mir diesen Jammer zuwägt,
Was that dir meine Seele!
Kind hörstus, dein Vater ist hin,
Lall ihn zurück, ruf ihn,
Aus Todes nächtlicher Höhle!

(Sie springt wild auf schluchst, starrt die blutigen Waffen an — blickt wild in
Golos. Aug.)

Nein, es war Teufels List!
Golo, Golo du bist
Ein Lügner! ein Verruchter,
Du willt mich betrügen,
Bestricken, belügen,
Er lebt — Quaal auf dem Herzen Verfluchter!

(Sie schlägt die Händ überm Haupt zusam-
men, und starrt.)

Er lebt, und lebt, und soll dir leben,
Bebe, du sollt noch beben,
Hier streck ich meine Händ' dir aus,
Da führe mich zum Hochzeits Schmaus,

In

In Schutt und Gruft, in Nacht und Graus,
Bey Mord und Höllen Fackelschein,
Soll unser Hochzeitslager seyn,
Und Siegfried! Siegfried komme dann
Lebendig oder todt! —

(Sieht wild umher, fällt mit dem Antlitz in
ihre Armen, die Linke hält Golo, und steckt
ihr einen Ring an den Finger;
küßt die Hand.)

Golo.

Ha! endlich noch mein,
Mein Jammer, meine Pein!
Was werd ich dann seyn?
Ein Pilger wall ich für und für
Um dieser klaren Augen Schein.
Hölle, daß ich nur sagen könnt,
Wie sehr, sehr dies Herz hier brennt,
Das lindert etwa Pein,
Mein wirstu noch, mein!
Ras'ich vor Vergnügen!
Dem Bruder jagt ich den Dolch ins Herz,
In diesem Arm zu liegen,
An dieser zarten Brust zu liegen,

Auf deinem Herz mein Herz zu wiegen,
Gedanken voll Vergnügen,
Mich zucket Wonne Himmelwärts.
Blumicht mögen die Auen blühen,
Entglommner junge Rosen glühen,
Seit ich hoffen darf, du werdest mein,
Zur Hochzeit zartes Fräulein,
Schlag auf dein blaues Aeuglein,
Genovefa; du bist mein.

Genovefa.

(Reißt sich los rasc schnell das Schwert ihres
Mannes auf.)

Sieh her, her, hab ein Schwert,
Ha! meines Sigfrieds Schwert,
Will tief ins Herz mirs drücken,
Anlachen dich
Ich, ich?
Lieber den Teufel als dich,
Entweich Scheusal, tödtest mich,
Hölle sind mir deine Blicke,
Verrätherischer — elender Mann,
Lächelstu mich noch einmal an,
So stoß ich zu, so ists gethan.

(Sie sezt sich das Schwert auf die Brust, Golo
ergreift schnell das Kind.)

Golo.

Zerschmettren soll, hier schwing ich ihn,
Am Beine hoch, stehstu ihn,
Ohn Mitleid, ohn Bedauren,
Dein Sohn hier an den Mauern,
Wirf geschwind das Schwert zurück,
Ich schlag ihn den Augenblick,
Wird fallen, röchlen, sich krümmen,
Weib voll Eigensinn,
An deinen Füßen hin.

Trag ich noch ein Menschen Herz,
Was war ich — bin ich jezt,
Die Schlang tobt vor Schmerz,
Auf den, der sie tritt und verlezt.

Verflucht sey Schönheit,
Wo kein Erbarmen wohnt,
Wenn Grausamkeit
Im Weibe thront:
So scheußlich ist die Höll nicht als Sie,
Treibst mich nicht selbst zum Abgrund hin,

Mich

Mich, der ich voll Elend bin,
Verdammte falsche Gleisnerinn.

Ha! ich
Zerschmetter des Knaben Glieder,
Fall über mich
Erd und Himmel nieder,
Dann schleif ich dich
An blutigen Haren schleif ich dich,
Ueber des Röchlenden Glieder,
Und stirbst, will ich doch
Im Sterben noch
An dir mein Willen erfüllen.

Ha! was säum ich noch,
Wer hält die Wut,
Die Herz und Blut,
Mir frißt und raubt,
Schon schlag ich ihn Rache voll,
Zerschmettern an der Mauer soll
Des jungen Drachen Haupt.

Genovefa.

Golo, Golo, halt ein,
Beym lebendigen Gott halt ein,
Halt ein, sieh meinen Jammer.

Golo.

Golo.

Vergebens flehst meiner Wuth,
Färben soll sein mitschuldig Blut,
Rosenroth diese Kammer.

Genovefa.

Erbarmen! ach Erbarmen,
Das Schwerd liegt schon,
O! den Sohn — den Sohn!
Zurück in meine Armen,
Hier knieh' ich
Hier wälz ich mich,
O Golo! trag Erbarmen.

Golo.

Vergebens flehst, er fällt, fällt,
Ihn rettet nicht die Welt,
Röchlend zu deinen Füßen,
Peinigst mich, malmst mein Herz,
Ohn Mitleid, er solls büßen,
Rosenroth soll sein Blut — zum Scherz,
Zu deinen Füßen fließen.

Lácheltest, wenn ich weinte vor banger Liebesquaal,
Ha dieß Lächlen des Knaben,
Erdrück ich nun in Todesquaal,
Sein Geheul, seine Quaal,
Soll mein kochend Herz' laben,
Frau dich höhn mich
Nun ist es dir erlaubt,
Nun schlag ich ihn Rache voll,
Zerschmettern an der Mauer soll — Mauer soll,
Diß jungen Drachen Haupt.

(Er hebt fürchterlich das Kind in die Höhe,
es schreyt überlaut, heulend stürzt ihm
die Mutter in die Armen.)

Genovefa.

Golo! ach Golo! halt ein!
O wenn du den Himmel hoffst! halt ein
Laß, laß mein Kind am Leben,
O daß du selbsten Vater wärst!
Du fühltest mein Erbeben,
Verschone oder nimm, nimm mir zuvor mein Leben.

Golo.

Ha! ihre Stimme,
Das hält mich — höre dich

Ein

Ein Löwe, gefesselt bin ich
Gefesselt im stolzen Grimme,
Eine Memme bin ich,
Deine Schönheit entmannet mich,
Entmannt mich deine Stimme.

Was fällst mir in die Armen,
Was nützen diese Thränen mich —
Gelt Liebe bringt kein Erbarmen,
Nur Grausamkeit erweichet dich —
Weh dem Mann der Rettung begehrt,
Vom Weib, er ist verlohren,
Eh fänd er die vors Drängers Schwerd,
Im Pantherrachen und bey wilden Mohren.

Ohne Licht, ohne Götter
Kalt verstoßen, klimt er pfadloß hin,
Mittag fliehet hin,
Und Mitternacht ist sein Erretter.

(Er und Sie halten das Kind.)

Nächtlich Geschöpf voll Trug und List,
Weib daß du so gleisend bist,
Höll und Himmel liegt in dir beysammen,
Da schwebt ein Engel milder Schein,

Um

Ums Auge geflochten drein,
Ist Todes Quaal und Flammen.
Das will ich nur sagen, mein Herz schwillt,
Keine Taube singt dir, angefüllt,
Bin ich von Mord und Verderben,
Ein Augenblick umspannt dein Ziel,
Und wenn ich in die Hölle fiel,
Ihr müßt beyde darnach sterben,
Dein Kuß, dein Kuß — weigerstu?

(Er faßt den Knaben stärker.)

Genovefa.

Ich will, ach Gott! ich muß!
Der Teufel selbst hats dir gesagt,
Daß alles eine Mutter wagt,
Um ihren Sohn gieng sie schnell,
Hinunter in die tiefste Höll,
Der Teufel selbst hats dir gesagt,
Das alles eine Mutter wagt.
Ihren Sohn zu erhalten,
Was thu ich? Gott! was thu ich?
Erd und Himmel bedecket mich.

Golo.

Golo.

(Nachdem er sie geküßt, ganz außer sich.)

Halt ich mich reicher Gott, — welch ein Kuß,
Leb ich oder bin ich hin gesunken,
Wein ich ach vor süßen Freuden trunken!
Daß ich bald in Wolluſt ſterben muß.
O wie ſehr, ſehr
Gewaltig Entzücken,
Brauſend wie wildes Meer.

(Er giebt ihr den Knaben, Genovefa küßt ihn,
drückt ihn feſt an ihr Herz.)

Rollen doch warme Thränen,
Meine Wangen herab,
Goldne Thränen
Schwimt ihr den Kuß zu krönen,
Den die allerſüßeſte Lippe gab,
Bebe nicht Weiblein binde
Straf und Schuld allein an mich,
Iſt dieſer Kuß Sünde,
So ſchwör ich
Den Himmel zieret dieſe ſchöne Sünde.

Ade! ſchön Liebchen — blicke,
Noch einmal auf — lebendige Blicke,
D   Gott!

Gott! du Lilienbrust, du Purpurmund,
Lebe wohl in einer Stund,
Bringt die Liebe mich dir ganz zurücke.

Welche frohe Ernde wartet mein,
Lieg ich an dieser Brust Weiblein,
Vor mir mögen goldne Berge stehn,
Werd sie nicht sehn,
Ja wüchs unter meinen Füßen,
Diamant und Edelstein,
Stieß alles weg mit Füßen,
Sammelt nichts als der theuren Küßen,
Auf deinen Carniollippen ein —
Um Mitternacht,
Wenn der lichte Mond die Welt betracht,
Kehr ich wieder ein,
Ade! schön Liebchen, scheid von hier,
Bereite dir, bereite mir
Ein süß Schlafkämmerlein.

(Golo will abgehen, bückt sich, ihre Hand
zu küßen.)

Genovefa aufstehend.

Ha! was that ich,
Himmel verzeih mir,

Golo.

Versprach ich? — was versprach ich?
Hundertmal lieber sterb ich hier! —
Nein, nein die Angst sprach aus mir —
Die Mutter hat mich betrogen —
Golo zurück, ich hab gelogen!
Lieber erwürgt ich gleich,
Diesen mit eignen Armen,
Schlüng diese Lock' so um sein' Hals,
Erdroßelt ihn ohn Erbarmen,
Als daß ich durch Schand und Schmach,
Ihn wollt verfluchen — Erwach
Henker — ich verlache dich!
Komm feßel mich, komm tödte mich,
Bring alle Marter, Feuer und Schwerd,
Vertilg mich heimlich von der Erd,
Der Himmel wirds sehn — hören die Welt
Mein Siegfried lebt, es lebt mein Held!
Schon fährt er auf im dunklen Zelt,
Engel zählen ihm seines Weibes Thränen,
Er spornt das Roß, schärft den Stahl,
Er rächet seines Weibes Quaal,
Und seines Unmündigen Stöhnen.
Der Starke hoch in Wolken geht,
Der wird nicht von ihm weichen.
Komm Teufel um Mitternacht,

D 2 Wenn

Wenn Höll und Mordsucht mit dir lacht,
Nicht lang bedacht,
Ich und mein Sohn wollen hier erbleichen.

(Sie fällt über ihr Kind aufs Stroh, Golo
schlägt sich auf die Brust, geht verzweif=
lend ab.)

Soldaten Abschied.

Heute scheid' ich, heute wand'r ich,
Keine Seele weint um mich;
Sinds nicht diese, sinds doch andre,
Die da trauren wenn ich wandre,
Holder Schatz, ich denk an dich.

Auf dem Bachstrohm hängen Weyden,
In den Thälern liegt der Schnee —
Trautes Kind, daß ich muß scheiden,
Muß nun unsre Heymat meiden,
Tief im Herzen thut mirs weh.

Hundert tausend Kuglen pfeifen,
Ueber meinem Haupte hin —
Wo ich fall, scharrt man mich nieder,

Ohne

Ohne Klang und ohne Lieder,
Niemand fraget wer ich bin.

Du allein wirst um mich weinen,
Siehstu meinen Todesschein,
Trautes Kind, sollt er erscheinen,
Thu im stillen um mich weinen,
Und gedenk auch immer mein.

Heb zum Himmel unsren Kleinen,
Schluchs' nun todt der Vater dein!
Lehr ihn bethen — gieb ihm Seegen,
Reich ihm seines Vaters Degen,
Mag die Welt sein Vater seyn.

Hörst? die Trommel ruft zu scheiden,
Drück ich dir die weiße Hand,
Still die Thränen — laß mich scheiden,
Muß nun um die Ehre streiten,
Streiten vor das Vaterland.

Sollt ich unterm freyen Himmel,
Schlafen in der Feldschlacht ein,
Soll aus meinem Grabe blühen,
Soll auf meinem Grabe glühen,
Blühmchen süß, vergiß nicht mein.

Amors Schlafstund.
Titania Königin der Feen.

All meine Dienerinnen — Elfen,
 Die ihr auf schwanken Tulpenstengeln reitet,
Um Quellen kreyßt — Waldmaiblühmchen schüttelt
Im schwarzen Thau von Primuln euch bespiegelt,
Wenn ihr den goldnen Staub aus euren Locken käßt,
Herbey ehrt meinen Ruf! — verlaßt,
Der Jagdgelerm und Pif — indem
Ihr frech die schwarzbraun Ameis sattelt,
Durch Stumpf und Stiel den leichten Wurm ver-
 scheucht —
All, all herbey zu mir.

(Feen und Elfen aus Aesten, Sträuchen, Kräuter, Steinen, Eichlen, Bluhmen, Muschlen.)

Alle.
Wer ruft — wir alle sind hier.

Jede.
Titania was befiehlstu mir.

Tita=

Titania.

Die Zeit ist da, geliebte Dienerinnen,
Daß wir zur Ruh nun meinen Amor bringen,
Dann mein ist er — seitdem die schönste Mutter,
Cythere selbst in jener dunklen Grotte,
Ihn meiner treuen Obsicht anbefahl,
Eh daß sie noch zum Stern umgürten Himmel,
Drey volle Monat ihren Sitz erhoben,
Und diesen Hayn gewöhnt des heilgen Athems,
Und diese Fluhr der heilgen Tritten stolzer,
In trauervoller Wehmuth hinterließ.

Nun höret
Der Kleine denkt nur hat sich vorgenommen,
Mit einem ist er Satyr oder Faun,
Das weiß ich nicht, genug aus Bacchus
Oder seines Oheims Gefolg' einem,
Bey Lunens düsterm Fackel Schimmer,
Kühn auf die Eulen=Jagd hinaus zu ziehn,
Und also laurend hinter schwarzen Büschen,
Durch haut'che Flügel junger Fledermäuse,
Den rückgezognen Pfeil zu schnellen. —
Nun lauscht er noch an jenem dunklen Fels,
Um den die Rosenstauden voller wanken,
Der süß bemoßt und süßer noch beblühmt,

Der schönsten Nymphe Hyacynthe,
Fliehende Füße band —
Und sie bezaubert nun vom süßen Schlummer,
Auf seinen weichen Rücken zwang,
Daß sie der große Donnerer,
Nicht brüllend als ein schwarzer Stier —
Nicht als ein goldgekrollter Widder blöckend,
Noch als ein brünstiger Schwan der seine Flügel
spreitet,
Nein Jugend lockicht kraftvoll hier umschloß,
Zur Heldenmutter dreymal sie gesegnet,
Seitdem ist Amor diesem Fels gewogen,
Nennt heilig ihn — und segnet seinen Schatten,
Und wenn er sich versteckt, versteckt er sich dahinter.

Alle Feen.
Wir wollen ihn aufsuchen und dir bringen.

Titania.
Thut das ihr meine Dienerinnen,
Aber bitt ich nehmet euch wohl in acht,
Daß euch der Lose nicht noch einmal äffet,
Wißt ihrs all — jüngst als der März
Sich mit dem Frost herumgekalgt,
Doch Schneegestöber, Reif und Hagel ihm

Ihm

Wild auf den wundten Nacken fielen,
Daß er zu Boden sank,
Und traurig alle Wälder wieder starrten,
Und jedes frohe Thier sich wiederum verkroch,
Einsam wir Paar und Paar in Eichlen saßen,
Der Wolf allein auf rauhen Klippen sprang,
Mit schwerem Schweif im bleichen Sonnenstrahle,
Den Schnee herab von seinem Halse schlug —
Ging euch der lose Vogel hin — zwar muß ich
Jetzt lachen nur, so sehr michs vor verdroß,
Leert auf die Aue seinen ganzen Köcher,
Und stecket euch wie Frühlingsbluhmen listig,
Die bunte Pfeile weiß und roth und blau,
Und grühn und gelb umher und pfeift,
Den Frühlingsvögeln ähnlich so
Daß man geschwohren hätt der schmucke,
April sey vor der Thür — und Mädchen,
Mit Kühlen tränkten schon das Vieh am Brunnen,
Und ließen nun die frohe Heerden wieder aus,
Da sprangen wir hervor, ersahen
Die Blumen, tanzten drein herum,
Biß daß sich meiner Feen drey verwundet,
Und er gleich einem Guckguck schelmisch
Von dichter Eichengabel uns verlacht,
Seit dem mag ich dem Knaben nicht mehr trauen.

D 5 Doch

Doch seht betriegt mich nicht mein Blick,
Seh ich ihn dort um den Hollunder gauckeln,
Still, still er kommt — halb an dem Boden krie-
                        chend —
Der Schwalbe ähnlich, die mit beyden Flügeln,
Bald in der Luft, bald an dem Boden hängt —
Daß tief von seinem Flügel=Paar gebogen,
Die Blumen ihren Thau ihm übern Rücken
                        sprizen,
Umringt ihn Feen, fangt ihn mir.

Alle.

Gebt acht Schwestern, gebt acht
Daß wir den Amor erwischen.
Juhe! du Kleiner gefangen du bist,
Hilft weder Sträuben, hilft weder List,
Gieb dich gefangen,
Wir binden dir Hände,
Die Füße, wahrhaftig
Wir wollen dich an die Flügel aufhangen.

(Sie tragen ihn, geben ihn der Titania.)

Titania.

Amor du Lieber, komm komm,
Sey artig, sey fromm,
                                    Wir

Wir machen dem Knäbchen sein Bettchen gar
 schön,
Hoch Zeit ists nun zum Schlafen gehn,
Die Grillen zirpen nicht mehr,
Wir alle sitzen unn um dich her,
Singen und weben blau und grau,
Den Hochzeitsgürtel der artigsten Frau.

(Ha! schweigt doch er schlummert bald!)
Wi, wi, wi, wisch
Ey Kind wie wirstu so fröhlich seyn,
Erwachestu morgen im blühenden Hayn.

Waldlerchen dir singen,
Die Fische dir springen,
Es bebet und webet im thauichen Gras,
Dann springt auch mein Lämchen, wie fröhlich
 ist das.
Hey ejo bobeyo,
Du, du, du
Ey schlaf und schließ dein Aeuglein zu.

Nun sachte, höret mich ihr drey,
Du Nesselspitz und du Vergiß mein nicht,
Und Lilienblatt, nehmt hier den Knaben,
Wieget ihn zur Ruh — singet ihm
Das Schlummerlied, das ich euch jüngst gelehrt,

Halb

Halb hat der schwere Schlummer schon,
Sein müdes Aug verschlossen,
Singt doch, damit ers bald ihm ganz versieglen
 könne.
Indeßen wollen wir zu unsren Tänzen eilen,
Denn Zeit ists nun — der Glocke dumpfer Mund,
Hat zwölfmal schon vom Thurn herabgerufen,
Um eins kommt schon mein strenger Herr zurück,
Aus seinem Forst — ruht an den Klippen dann
Siehet im Mondschein unsren Quellen Tänzen zu,
Und würd er mich nicht augenblicklich finden,
Voll Eifersucht durchstrich er bald die Wälder,
Braußt Eichen um — zerriß die Tannen,
Und Aesch, zersaußt die Saatenflur und Weinstock,
Daß wir vor Angst noch einmal allesamt,
In Judns kleinste Perlenmuschel kröchen,
Ihr aber Elfen tragt hier Amors Waffen,
Hinweg und hänget sie in jene stille Grotte,
Damit er unversehrt sie morgen wieder finde,
Aber nehmt euch wohl in acht,
Amors Pfeile wunden gar zu leicht,
Wenn eine glitscht,
Fällt und trift,
Lauter Gift,
Todes Pein,
Wirds euch seyn,

Mark

Mark und Bein durchbrennen,
O denn wird kein Balſamſaft,
Keine Kunſt und Seegenskraft,
Eure Schmerzen trennen.

(Titania und Gefolge gehen ab.)

(Lyljenblatt, Neſſelſpitz, Vergiß mein nicht.)

Neſſelſpitz.

Wie ſchnippiſch doch die Königin nicht iſt,
Als hätte ſie dis Lied erfunden und gelehrt,
Schon wußt ichs lang eh ich vom Schooße mei-
                             ner Mutter,
Noch fallen konnte.

Vergiß mein nicht.

Wenn man alles von ihr wollt erzehlen,
O! ſchönes Dings zu ſagen hätt man da,
Komm laßet uns was andres ſingen.

Lilienblatt.

O macht doch einmal fort,
Ihr Plaudermäuler — ſeht der Bube,
Hat wieder hell die Augen auf,

                                        Wenn

Sagt doch wenn wir zum Tarzen kommen,
Wenn ihr nicht singt, sing warlich ich allein.

Alle zwey.

Sieh doch die Närrin,
Wir singen beyd so gut als du,
Ha! wenn ich nur des Buben Augen hätt,
Die schönste Nymphen müßten mir dann weichen.

Alle drey.

Schließ Amor liebstes Kind,
O schließe doch geschwind!
Dein blaues Aeugelein,
Der Schlummer wartet dein,
Mit ihm ein goldnes Träumchen,
Am nahen Myrtenbäumchen,
Ruhn sie auf einem Blatt,
Bald flattern sie hinzu,
Mit gähnendem Gefieder,
Auf deine Augenlieder,
Zu krönen deine Ruh.

Ey schließ dein Aeugelein,
Ey Liebchen schlaf doch ein,
In einer Rose steht,

Dein